Ursula Burckhardt

Vielseitig

Vielseitig

Ursula Burckhardt

Bibliografische Information der Deutschen Nationalbibliothek: Die Deutsche Nationalbibliothek verzeichnet diese Publikation in der Deutschen Nationalbibliografie; detaillierte bibliografische Daten sind im Internet über http://dnb.dnb.de abrufbar.

2. Überarbeitete Auflage

Lektorat: Ursula Burckhardt

Verlag: BoD · Books on Demand GmbH, Überseering 33, 22297 Hamburg, bod@bod.de

Druck: Libri Plureos GmbH, Friedensallee 273, 22763 Hamburg

ISBN 978-3-7693-5591-8

Inhaltsverzeichnis

II

ALLES IST LEBEN

Wolle was kommt
verlier nie den Mut.
Glaub feste an dich
und alles wird gut.

Erbitte dir Segen,
der reich dich belohnt.
Vertraue der Kraft
die tief in dir wohnt.

Vergiss nie die Liebe
die so viel dir nützt.
Die dich stärkt und leitet,
die dich immer beschützt.

Genieße dein Glück
doch halt es nie fest.
Es ist ein Himmelsstück
das dich schweben lässt.

UNSER LEBENSWEG

Das Leben hinterlässt Kratzer und Blessuren,
als Zeugnis unserer Lebensspuren.
Auch wenn wir es nicht verstehn,
der Lebensweg ist mit vielen Stolpersteinen
versehn.
Es gibt kein dauerhaftes Glück,
fällst du hin, schau nicht zurück.
Steh auf und suche dein Lebensziel,
verlange Viel, doch nie Zuviel.
Glaube fest, dass jemand dich hält,
in den Wirren dieser Welt.
Geh unbeirrt auf deinem Weg voran,
es ist dein Weg, den kein anderer für dich gehen
kann.
Erwarte nichts, erhoffe viel,
dann führt er sicher dich ans Ziel.

EIN NEUER TAG

Erholt so steh ich morgens auf,
freu mich auf den Tag.
Bin gespannt und voller Neugier
was er mir bringen mag.

Bringt er einen Gruß von dir
oder einen Brief?
Klopft das Glück an meine Tür,
oder läuft was schief?

Ich blick dem Tag mitmeinem Mut,
positiv entgegen.
Denke mir, egal was kommt,
jeder Lebenstag ist Segen.

SCHNEEGLÖCKCHEN IM GARTEN

Schneeglöckchen weiß Röckchen
wer hat dich kreiert?
Du Blickfang im Winter,
das frag ich ganz ungeniert.

Schneeglöckchen weiß Röckchen
in deiner ganzen Pracht.
Zeigst uns schon erstes Frühlingsgrün
wer hat sich das erdacht?

Schneeglöckchen weiß Röckchen
du Blickfang im Garten.
Verkürzt uns die Zeit
auf den Frühling zu warten.

Schneeglöckchen weiß Röckchen
im Schnee dieser Nacht.
Hast mir mit deinem Blühen
den Tag heut zum Festtag gemacht.

FRIDAYS FOR MAMAS

Ich bin alt und ich bin laut,
habe niemandem die Zukunft geklaut.
Bin mit meinem Kids zu Fuß in die Schule ge-
gangen,
hab für sie lange den Beruf an den Nagel gehan-
gen.
Hab ihnen die schöne Natur erklärt
gekocht, was zu gutem Essen gehört.
Hab ihnen Respekt vor dem Leben beigebracht,
bei Krankheit an ihrem Bette gewacht.
Bin mit ihnen viel durch die Natur gelaufen,
brauchte keine Markenklamotten zu kaufen.
Wir haben gespart, Energie nicht verschwendet,
auch wenn man das Blatt heute gerne wendet.
Ich achte und ehre das Leben, Ressourcen und
die Natur,
ich habe kein schlechtes Gewissen, keine Spur.

DIE ZEIT IST EIN PHÄNOMEN

Die Zeit sie ist ein Phänomen,
stell dir vor, sie bliebe stehn
 und eine Stimme fragte dich,
welches ist dein Wunsch an mich?

Was wäre die Antwort, welches dein Sinnen?
Könntest du einen klaren Satz rausbringen?
Oder sagtest du „mein Wunsch ist erfüllt,
was ich mir vom Leben erhoffte, ist gestillt.

Ich habe viel geweint und gelacht,
hab dumme und lustige Sachen gemacht.
Ich habe geliebt und habe vergeben,
es war wirklich schön mein Leben."

Die Zeit sie ist ein Phänomen,
stell dir vor, sie bliebe stehn.

LEBENSWEISHEIT

Träum nicht dein Leben
doch leb deinen Traum.
Üb dich in guten Gedanken,
gib deinen Wünschen Raum.

Sende der Welt Signale,
zeig ihr wer du bist.
Dann wirst auch du verstehn,
was das Geheimnis des Lebens ist.

UNSER HAUS

Das Leben hat uns her gespült
ein altes Häuslein zu erwerben.
Hier werden wir drin wohnen,
bis irgendwann wir sterben.

Es gibt uns Obdach, ist Zuhause
gibt Liebe und Geborgenheit.
Es ist schützende Burg im Sturm der Jahre,
in unseres Lebens fortgeschrittener Zeit.

Aus festem Holz ist es gebaut,
welches überdauerte die Zeit.
Begibst du dich auf Spurensuche,
kein Holzwurm ist weit und breit.

Beharrlich trotz es allen Wettern
Hitze, Regen, Hagel und Wind.
Es wird wohl immer noch stehen,
wenn wir schon längst nicht mehr sind.

VALENTINSTAG

Der Mensch, dem ich blind vertraue,
auf den ich meine Zukunft baue,
der für mich da ist, mich trägt,
keine falschen Dinge hegt.
Der ehrlich ist in seinem Tun,
lässt mich in Geborgenheit ruhn.
Der Mensch, der all dieses kann,
ist mein über alles geliebter Mann.

KARNEVAL IN CORONAZEITEN

Narri, Narro, Alaaf und Helau,
der Himmel begrüßt den Karneval mit blau.
Konfetti bunt sieht der Narr die Welt,
schlechte Laune wird in die Ecke gestellt.
Gott Jokus lacht mit, schunkelt und swingt,
weil er stets gute Laune mitbringt.
Doch denkt ihr Narren auch daran,
feiert in Abstand zu eurem Nebenmann.
Wenn in Humor und guter Laune ihr badet,
so hat Karneval noch keinem geschadet.
Genießet in Ruhe die närrischen Tage,
denn Aschermittwoch ist wieder Schluss, keine
Frage.

BUNTE STIEFMÜTTERCHEN

Stiefmütterlein, Stiefmütterlein,
du zauberst in aller Stille
magische Schönheit
auf grüne Frühlingsfarbidylle.

Stiefmütterlein, Stiefmütterlein,
ziehst meine Blicke an.
Auch Schmetterling und Hummel
erliegen diesem Bann.

Stiefmütterlein, Stiefmütterlein,
mit Augen will ich trinken.
Frühlingsfreudig mich ergeben,
in deinen Anblick versinken.

GLAUBE AN DEN OSTERHASEN

Als Kind da glaubte ich ganz feste
an den Osterhasen, der Eier bringt zum Oster-
feste.
Hätte ihn so gerne persönlich gekannt,
den berühmten Eierbringer in unserem Land.
Da geschah es an Ostern, ich lief über grünes
Gras,
entdeckte viele Eier die er versteckt hat mit Spaß.
Es lag ein Zettel nebendran,
unterzeichnet vom Osterhasenmann.
„Glaub mir Kind, dein Wunsch fand Gehör,
ich verstehe dich so sehr.
Würde gerne noch etwas bleiben,
mir im Garten mit dir die Zeit noch vertreiben.
Doch liegt es nicht in meiner Macht,
 ich bin on Tour die ganze Nacht.
Alle Kinder mit Eiern zu bedenken

um ihnen so viel Freude zu schenken.
Das wirst du doch bestimmt verstehn,
deshalb können wir zwei uns nicht sehn.
Kann nicht rasten und nicht ruhn,
es gibt viel zu viel für mich zu tun."
Ich war total selig und benommen vor Glück.
Daran denke ich heute noch gerne zurück.

GLÜCK

Der vielen Blumen bunte Blüten,
lauer Wind, der dich umhüllt.
Ein Kleeblatt grün im Asphalt
Sehen, das dein Herz erfüllt.

Vögel zwitschern in den Bäumen,
ein Libelle huscht vorbei,
blauer Himmel, Sonnenschein,
Freude macht die Seele frei.

Ein lieber Brief von Mensch zu Mensch,
eine Hand oder versöhnendes Wort.
Alles dient dem Glücklichsein,
hier auf diesem Erdenort.

Kinderaugen die noch lachen,
dunkle sternenklare Nacht.
All das ist in unsrem Leben,
zu unserem Glücklichsein gedacht.

Unverhofft mit leisen Schritten,
klopft das Glück an deine Tür.
Es fragt nicht nach Gut und Geld,
öffne nur dein Herz dafür.

FRÜHLINGSVORFREUDE

Etwas Besonderes liegt heute in der Luft,
die erfüllt ist von Hyazinthen und Blütenduft.
Zu gelben Narzissen sich Veilchen gesellen,
kahle Bäume erste grüne Blätter stellen.
Bunte Tulpen sprießen in heimischem Garten,
der Frühling ist da, vorbei das lange Warten.
Dieser spannt sein blaues Himmelsband
über Menschen, Tiere und unser Land.
Er schenkt uns mit dieser Farbenpracht
eine Ahnung und Freude, die alle glücklich
macht.

ROSENSTOLZ

Es blühet stolz die Rose,
entfaltet Blütenpracht.
Ist dabei jedoch,
nur auf ihr Äußeres bedacht.
Hoch reckt sie ihre Knospen
und droht in Übermut.
„Wer mich will einmal schneiden,
dem tu ich mit meinen Dornen nicht gut."
Da kommt ein junger Mann,
er sieht die Rose, rein!
Und denkt." so soll die Blume,
für meine Liebste sein.
In tiefer roter Farbe,
so steht sie hier umher."
Er zückt ein scharfes Messer
und schwupps, ist sie nicht mehr.
Die Moral von dem Gedicht,
es ist nicht schwer zu erraten.
Hochmut kommt stets vor dem Fall,
so wie bei der Rose im Garten.

DER FISCHREIHER

Anmutig, konzentriert auf einem Bein,
steht ein Reiher in seichtem Wasser ganz allein.
Mit wachem Blick und Argusaugen
wartet er auf Fische, die ihm als Nahrung taugen.
Sein Nest baut er in Wipfeln von Bäumen,
hier kann er unbeschwert und sicher träumen.
Seine Flügelspannweite ist gewaltig und groß,
startet majestätisch vom Boden in die Lüfte, fa-
mos!
Er ist weiß-schwarz-silber oder grau je nach Art,
sein Dasein ist mit Mythen und Geschichten ge-
paart.
Denn schon seit ewig langer Zeit,
ist der Reiher Sinnbild der Ruhe und Verlässlich-
keit.
Er steht für das in sich Gekehrte,
für Ruhe, Kraft und friedliche Werte.
Für klaren Kopf und weiten Blick,
nach vorne zu schauen und nicht zurück.

DER AMSEL LIED

Es sang in meinem Garten
ne Amsel, wunderschön,
ein Liebeslied des Sommers,
vom Werden und Vergehn.

Es stimmten alle Vögel,
mit ein in den Lobpreis.
Es war ein Lied vom Frieden,
für unseren Erdenkreis.

Betört sind meine Sinne,
Lächeln umspielt den Mund.
Bei so viel schönem Festgesang
fühl ich mich glücklich und gesund.

UNSER HERZ

Es leidet, es liebt,
es weint und vergibt.
Es schmerzt und erträgt,
es duldet und erwägt.
Es verspürt und mahnt,
es stolpert und ahnt.
Es freut sich im Glück,
zieht bei Leid sich zurück.
Es ist fair und gerecht,
es ist wahrhaft und echt.
Es erhält unser Leben,
es will immer vergeben.

EIN LIEBER GAST

Es klopft an meine Türe,
ganz zaghaft mit Bedacht.
Erstaunt hab ich geöffnet
dann hab ich laut gelacht.

Herr Frühling, so stellt er sich vor,
dann zeigt er mir sein Sortiment.
Bunte Tulpen, Veilchen, Blütenpracht,
erste warme Sonne, wie man ihn kennt.

Krokusse, Primeln, zartes Grün,
an Bäumen und in der Natur.
Lassen mich Leichtigkeit spüren,
es entsteht Lebensfreude pur.

Ich danke ihm, bin sehr gerührt,
er bringt Leichtigkeit im Tag.
Und eines weiß ich ganz gewiss,
das ist's, was ich an ihm so mag.

EINSAMER MUTTERTAG

Morgen ist wieder Muttertag
weinend sitze ich zu Hause allein.
Wird vielleicht in diesem Jahr
eines meiner Kinder bei mir sein?

Die Hoffnung ist groß
wie in all den vergangenen Jahren.
Ich denke oft daran zurück,
als wir noch zusammen waren.

Ich trage sie in meinem Herzen,
tief verwurzelt sind sie da drin.
Liebe liebt auch ohne Worte,
weil ich ihre Mutter bin.

Wieder eine vergebene Chance,
wieder zieht der Tag ins Land.
Abends such ich still alte Bilder
denke an das, was einst uns verband.

Drum liebes Kind, das wünsch ich dir,
willst finden du Glück und Ruh.
Mauere niemals deine Gefühle
niemals dein Herz zu sehr zu.

DER MAIKÄFER

Viele Jahre meines Lebens,
wartete ich auf ihn vergebens.
Doch gestern unter einem Baum,
erfüllte sein Summen den Raum.
Da flog er mit lautem Gebrumm,
lebhaft um meinen Kopf herum.
Seit Kindertagen ist er mir bekannt,
sogar ein Monat ist nach ihm benannt.
Er liebt die Blätter von Bäumen,
Kinder fangen bei seinem Anblick an zu träumen.
So flog er mit Peterchen zum Mond,
wurde mit Versen bei Max und Moritz belohnt.
Er wurde verjagt und verspottet,
durch Gifte sogar fast ausgerottet.
Doch nun ist er wieder zurück
und ich empfinde ein großes Glück.
Ich darf ihn endlich wiedersehn,
den braunen Maikäfer, wunderschön!
Er genießt wie ich voll Wonne,
wärmend wohltuende Maiensonne.

LEUCHTENDE RAPSFELDER

Von Weitem schon seh ich die Farben,
goldenes Gelb auf himmelblau.
Auch sattgrüne Streuobstwiesen
wirken mit in dieser Zauberschau.

Apfelbäume weiß in Blüte
laden zum Fotografieren ein.
Leuchtend gelbe Rapsblütenfelder
speichern warmen Sonnenschein.

Genieße dies Naturgeschenk
mit allen meinen Sinnen.
Brauche jetzt niemanden zum Reden,
wende mich ganz ruhig nach innen.

Ich spüre der Seele Entzücken,
bin dankbar für all dieses Sehn.
Kann hoffentlich bald schon wieder,
diesen schönen Naturweg gehen.

IM MOOR

Über hölzerne Stege, die miteinander verbunden,
wollte ich das Moor umrunden.
Eine Vielfalt an Vögeln, Käfern und Mücken
mich begleitet
und ein Schmetterling, der grazil durchs Schilf
gleitet.
Preiselbeeren rechts und links zu meinen Füßen,
mich mit Blütenansätzen begrüßen.
Sonne spiegelt sich im braunen See,
plötzlich flattern Enten in die Höh.
Fische drehen im See ihre Runden,
nur kurz, dann sind sie verschwunden.
Friedlich wirkt die Naturidylle,
beängstigend ist nur die Stille.
Schon mancher ging den Weg hier hinaus
und fand nicht mehr zurück nach Haus.
Doch will ich jetzt nicht an Grausiges denken,
sondern Aufmerksamkeit wieder auf mich lenken.
Ein langer Weg liegt noch vor mir,
über das Moor, über Stege, durch der Natur Revier.

MORGENKONZERT

Ein herrliches Konzert
mich weckt am frühen Morgen.
Das Aufstehen fällt recht leicht,
ganz ohne Alltagssorgen.

Ein Vogelchor im Garten
der stimmt ein Loblied an.
Eine Hymne auf den Frühling,
zur Freude für jedermann.

DER BESTE FREUND

Ein Freund ist jemand der dich versteht,
mit dir durch Freud und Leiden geht.
Er ist stets an deiner Seite,
sucht bei Problemen nicht das Weite.
Er ist gehorsam, wohl erzogen,
schätzt alle Seiten an dir, ganz ungelogen.
Er gibt dir Wärme und Geborgenheit,
hat ein offenes Ohr für dich jederzeit.
Er geht mit dir durch Dick und Dünn,
erfüllt damit der Freundschaft Sinn.
Er kennt dich, wie es kein anderer tut,
bist du mal unten, macht er dir Mut.
Du kannst stets auf ihn bauen,
kannst ihm alles anvertrauen.
Ein liebes Wesen ist aus diesem Grund,
Wuschel, mein zottelig ehrlich lieber Hund.

DAS CORONA VIRUS

Ein kleines Virus hat die Welt,
gehörig auf den Kopf gestellt.
Es legt weltweit das Leben lahm,
auch das Land, aus dem es kam.
Die Politik sucht Antworten auf Fragen,
keiner weiß Genaueres zu sagen.
Durch Pandemie mit vielen Toten,
sind ab sofort Versammlungen verboten.
Kein Händeschütteln, keine Umarmung soll
mehr sein,
dazu fällt mir etwas Interessantes ein.
Vielleicht gilt es den Fokus dahin zu lenken,
dem Menschen neben uns wieder mehr Beach-
tung zu schenken.
In einer von Egoismus geprägten Zeit,
zeigt das Virus uns unsere rasche Vergänglich-
keit.
Daher fände ich es schön,
würden wir mehr den Nächsten, anstatt Eigen-
nutz sehn.
Dann hätte alles wieder einen tieferen Sinn
und führte uns näher zum großen Ziele hin.

AM KAMELIENSTRAUCH

Wieder besuche ich den Kamelienstrauch,
seit Jahren ist dies für mich Brauch.
Hier lernten wir uns kennen und lieben,
so viele Erinnerungen daran sind geblieben.

Dann aber zog es dich von hier fort,
doch du gabst mir dein festes Wort.
„Hier werden wir uns wiedersehn,
egal wie viele Jahre auch vergehn."

Wieder stehe ich hier allein,
die Kamelie leuchtet im Sonnenschein.
Doch mein Herz ist schwer und leer,
ich vermisse dich so sehr.

Feste glaube ich daran,
dass ich dir vertrauen kann.
Hier werde ich sehnsüchtig auf dich warten,
am roten Kamelienstrauch im Garten.

EIN GUTER FREUND

Ein guter Freund an deiner Seite,
ist ein Mensch, der dich versteht.
Er ist dir treu und hilft in Not
kommt, wenn's mal nicht weiter geht.

Ein guter Freund der kennt dein Wesen,
bei ihm findest du stets Gehör.
Ein guter Freund ist unbezahlbar,
für ihn ist einfach nichts zu schwer.

Ein guter Freund der für dich spricht,
ist wichtiger als alles Gut und Geld.
Ein guter Freund, vergiss das nicht,
ist das größte Geschenk auf dieser Welt.

EINE LEKTION

Es stand eine rote Rose,
in einem Blumenbeet.
Um sie herum da waren
viele bunte Blumen gesaet.

Sie war sehr eitel und stolz,
auf Farbe und Statur.
Hielt sich überheblich
für die Schönste in der Natur.

Sie reckt den roten Blütenkopf,
dem blauen Himmel zu.
Dabei sahen ihr sehr oft,
andere Blumen kopfschüttelnd zu.

Wie kann man nur so eitel sein,
vor Stolz und auch so blind?
Ist nicht eine jede Pflanze
unseres Schöpfers Kind?

Dann erblühte in ihrer Nähe
eine Sonnenblume, schön.
Sie wendet hin und her den Kopf
um sich nach der Sonne sich zu drehn.

Dabei hat sie einen Riesenspass,
sie lächelt und nimmt alles leicht.
Ihre gelbe Sonnenfarbe
dabei vielen Bienen zur Freude gereicht.

Dies sieht die rote Rose,
wird demütig und denkt,
warum hab ich nur so viel Zeit,
auf mein Äußeres gelenkt.

Ich seh die Lebensfreude,
seh Spaß und Übermut.
Möchte auch Leichtigkeit spüren
ich denke, das wäre für mich gut.

Sie trug nicht mehr so hoch den Kopf,
fing freudig Sonnenwärme ein.
So erfreute sie die Menschen
mit ihrem Erdensein.

Drum mache es wie die Blumen,
erfreu dich am Leben, tanze im Wind.
Dann wirst auch du verstehen,
wie einfach und schön deine Lebenstage sind.

VOGELGESANG

Es sang in einem Baum dezent und leise,
die Amsel eine Sehnsuchtsweise.
Das Lied wird seit Generationen gepflegt
jeder Amsel quasi ins Nest gelegt.
Es ist das Lied von Grün an Bäumen,
um mit ersten warmen Sonnenstrahlen
vom Frühlingsbeginn zu träumen.

MEIN GARTEN - MEINE LIEBE

Wenn ich durch meinen Garten geh,
die Vielfalten allen Lebens seh,
Geranien, Clematis, Vergissmeinnicht und Tau-
sendschön,
kann ich die Liebe unseres Schöpfers sehn.
Hortensien, Lavendel, Klatschmohn blutrot,
erweitern das Seelenfarbenangebot.
Kräutervielfalten zu leckerem Essen,
im Hochbeet Salat, Kohlrabi, Radieschen nicht
zu vergessen.
Tomaten ranken wie ich seh,
an Spiralen in die Höh.
Amseln, Meisen und viele andere Vogelarten,
sie sind alle Gast in meinem Garten
Eine Eidechse tankt mit viel Wonne
wohltuende wärmende Sonne.
Ein kleiner Igel läuft über die grüne Wiese,
ich fühle mich in einem Paradiese.

Schwalben segeln durch die Lüfte,
meine Nase getaucht in süße Düfte.
Ich sag es euch Körper, Seele und mein Geist,
in diesem Frieden den Schöpfer preist.
Weiße Wölkchen zieren blaues Himmelszelt,
mein Garten ist für mich der schönste Platz auf
der Welt.

LAVENDELBLÜTE

Mein Herz hüpft vor Freude
wenn es Lavendel sieht,
der in tiefblauer Farbe
in meinem Garten blüht.

Betörend meine Sinne
umhüllt mich süßer Duft.
Es spürt ein jedes Wesen
besonders ist die Luft.

Beruhigend wirkt er
auf Nerven, Schlafzeit und Gemüt.
Eine wunderschöne Pflanze,
die mich in ihren Banne zieht.

SOMMERFEELING

Der schönste Platz auf dieser Welt
das ist für mich mein Garten.
Auf illustre Gäste brauche ich hier
gar nicht lange warten.

Die Vögel zwitschern stetig,
ein Sommerlied im Chor.
Die Harmonie und Eintracht
sind Wohlklang für mein Ohr.

Erfüllt sind meine Sinne,
von Rosen und Resedenduft.
Dazu ergießen Lavendelströme
sich in warmer Sommerluft.

Die Sonne lacht vom Himmel
der blau und wolkenlos.
Sie grüßt aus weiter Ferne
jeden von uns, Klein und Groß.

EINE SCHWANENGE-SCHICHTE

Als ich zu Fuß im letzten Jahr
am Ufer der Mosella war,
zog ein junger weißer Schwan
auf dem Wasser seine Bahn.
Stolz präsentierte er immer wieder,
sein strahlend weißes Schwanengefieder.
Mit stolzem Blick und geschwollener Brust,
war er sich seiner Wirkung sehr bewusst.
Bei so viel Arroganz sich die Schwanenfrauen,
nicht in seine Nähe getrauen.
Sie beobachten ihn und denken versonnen,
„ach würde dieser Adonis doch zu mir kommen."
Doch keine ist ihm gut genug,
keine kommt bei ihm zum Zug.
Im Winter seh ich den Schwan immer noch allein,
aufgeplustert, wie es nur ein Angeber kann sein.

Eigentlich tut er mir leid,
kommt doch bald die Paarungszeit.
Niemand sollte allein durchs Leben gehn,
denn Zweisamkeit ist toll und schön.

So geh ich im nächsten Frühjahr nochmal zu
dem Ort,
schau mich suchend um…. der Schwan ist fort.
Kurze Zeit darauf seh ich verschwommen,
eine Schwanenfamilie schwimmend kommen.
Frau Schwan und die Kleinen schwimmen voran,
Hr. Schwan hat sie im Blick und schwimmt hin-
tenan.
Er hat doch noch das große Glück gefunden,
zieht jetzt mit seiner Familie die Runden.
Ich bin glücklich, hab leise gelacht,
so hat der Schöpfer sich das auch gedacht.
Er schuf uns Gefährten, gemeinsam durchs Le-
ben zu gehen
so, wie es bei der Schwanenfamilie ist geschehn.

GRÜBELEI IM GARTEN

Hier sitze ich und grüble doll,
was ich als nächstes schreiben soll.
Von meiner Stirne rinnt der Schweiß,
die Sonne brennt, es ist sehr heiß.
Da setzt sich eine Mücke auf meinen Fuß,
sicherlich, weil sie eine Pause machen muss.
Ich studiere das Tier grazil und fein,
es schaut mir geradewegs in die Augen rein.
„Wie bist du schön, du kleine Mücke"
sagte ich, als ich mir zu ihr hinunter bücke.
Ich lächle sie an, doch sie sticht zu,
der Fuß schwillt an, passt in keinen Schuh.
Da hab ich einen Eisbeutel drauf gelegt
und Gedanken des Zornes gehegt.
Dann aber habe ich schnell kapiert,
was mir gerade war passiert.
Lass dich nicht blenden von Statur, Dünne oder
Dicke,
selbst im kleinsten Wesen lauert eine Zicke.

ERSEHNTER SOMMER

So komm herbei oh Sommer
male Farben in die Luft.
Erfreue unsere Sinne
mit Blütenpracht und Duft.

So komm herbei oh Sommer
den wir so lang vermisst.
Der du mit deinen Farben
ein genialer Maler bist.

So komm herbei oh Sommer
mit Wärme und himmelblau.
Lass uns mit allen Sinnen
genießen deine Zauberschau.

FRIEDA

Ich saß im Wald auf einer Bank,
wo ich etwas aß und trank.
Die Sonne schien, ich vergaß die Zeit
keine Menschen weit und breit.
Ich schloss die Augen, Ruhe kam,
als im Gebüsch ein Geräusch ich vernahm.
Vorsichtig schaute ich herum,
konnte erst nichts entdecken, wie dumm.
Dann sah ich im Unterholz,
das kleine Mufflon, arglos und voller Stolz.
Es spazierte als gehöre ihm die ganze Natur,
von Angst … keine Spur.
Seine großen Augen die braunen,
versetzten mich in Erstaunen.
So hat es mit uns angefangen,
viel Zeit ist seither vergangen.
Heute sind wir zwei Freunde, ganz dicke,
es freut sich wie ich, wenn ich es erblicke.

Frieda, so hab ich es genannt,
der Name ist mir in Herz gebrannt.
Sie ist mir Freund an allen Tagen,
ich darf sie tief im Herzen tragen.
Unsere Verbindung ist ehrlich,
auf Freude gebaut,
weil ich dem Tier und das
Tier mir absolut vertraut.

ES IST SOMMER

Wenn die Bienen wieder summen,
Rasenmäher in den Gärten brummen

Wenn Schmetterlinge wieder flattern
Motorräder wieder auf Straßen knattern

Wenn man vor Hitze täglich schwitzt
und abends lange draußen sitzt

Wenn Grills in Gärten wieder rauchen
wir wieder mehr Holzkohle brauchen

Wenn Reisen wieder Freude macht
du genießen kannst eine laue Sommernacht

Wenn man wieder mehr auf die Figur achtet
und nach erfrischendem Eis man schmachtet

Wenn Farben der Blumen deine Sinne küssen
Nestlinge ihre Nester verlassen müssen

Glaub es mir, dann ist es wieder so weit,
dann ist Sommerzeit!!

EINE ÜBERLEGUNG

Ein Vöglein möcht ich sein,
ich flöge hin und her.
Hinweg über alle Grenzen
flöge übers weite Meer.

Besuchte andere Länder,
wo Sonne mich umhüllt.
Und meine große Sehnsucht
nach Wärme in mir stillt.

Ich zwitscherte im Chor
mit Vögeln aller Arten,
ein Konzert des Dankes
in Gottes großem Garten.

LAVENDEL

Wie lieb ich des Lavendels Düfte,
sie beleben meinen Geist.
Befüllen laue Sommerlüfte
die Seele die Natur lobpreist.

Ein Farbenspiel in lila Tönen
setzt zwischen Blumen Akzent.
Beruhigt die Nerven und das Hirn
wohl dem, der das Geheimnis kennt

DER STRANDKORB

Im Garten meiner Oma
da hab ich ihn entdeckt,
den wunderschönen Strandkorb
der voller Überraschungen steckt.

Darin lieg ich oft sehr bequem
und träume mich ans Meer.
Kann den blauen Himmel sehn,
der Möwen Ruf, ich liebe ihn sehr.

Ich hör des Meeres Rauschen,
wenn ich die Augen schließ.
Rieche das Salz in der Luft,
die Ruhe ist das Paradies.

Ich laufe oft in meinem Traum
im Sonnenschein barfuß durch Sand.
Hier spüre ich die Unendlichkeit,
die ich nur hier, am Meere fand.

SOMMERZEIT

Rosen und Lavendelduft
befüllen meines Gartens Luft.
Gepaart mit Kräutern und auch Dill,
fertig ist das Sommeridyll.

Auf Dahlien und Sommerflieder,
lassen Schmetterlinge sich nieder.
Rosen locken an die Bienen,
Wespen sich an der Wassertränke bedienen.

Amseln, Elstern und auch Meisen,
fröhlich zwitschern Sommerweisen.
Augen und Seele hocherfreut,
welche Wonne, Sommerzeit!

UNGEAHNTE KRÄFTE

Es zog ein großer Rotmilan
am blauen Himmel seine Bahn.
Mit Adleraugen sucht er dann,
wo Beute er auf dem Boden finden kann.

Weite Schwingen, grazil sein Flug,
dann ist es mit der Ruhe genug.
Er kommt zu nah dem Sperbernest,
was sich Herr Sperber nicht gefallen lässt.

Der schießt empor Richtung Rotmilan,
der das Ganze erst nicht verstehen kann.
Der Sperber kreischt" hinweg von hier,
suche dir ein anderes Revier."

Der Milan tut, als hätte er nichts gehört,
doch sieht er den Sperber und ist verstört.
Dem ist es ernst, dem kleinen Mann,
er setzt tatsächlich zum Angriff an.

Er vertreibt den Großen mit viel Geschrei,
seine Familie zu schützen, wie dem auch sei.
In jedem steckt solch ungeahnte Kraft,
durch die auch du schon viele Krisen hast ge-
schafft.

JAHRESZEITENWECHSEL

Sommerzeit in bunten Farben,
bevor des Herbstes helles Braun,
die Natur erobert mit seinen Gaben,
die wunderbar sind anzuschaun.

Übergang der Jahreszeiten,
Wetterwechsel stimmt uns ein.
Fallende Blätter in den Weiten,
so schön kann der Herbst noch sein.

Kürzer nun die Tage sind
warme Sonne in letzten Zügen,
ein Farbenpuzzle entsteht durch Wind,
das wir in der Malerei so nicht hinkriegen.

Genießend dieses Farbenspiel
das Lied vom Leben und Vergehn.
Einlassen ist nun das Ziel,
dessen Schönheit wir jetzt sehn.

BUNTE HERBSTFARBEN

Ein Feuerwerk in Gelb und Rot
hat der Herbstwind im Angebot.
Milde Sonne dazu erhellt,
die Sicht auf unsere schöne Welt.

Betörend wirkt die Farbpalette
auf Augen und Sinne, so als hätte
man noch Zeit vor Kalt und Grau,
in dieser Herbstlandschaftsschau.

Spinnwebenfäden kreieren
Muster auf Köpfen beim Spazieren.
Zeit vergeht in Ruhe und Stille,
inmitten dieser Farbidylle.

WALDEMAR DER TÄNZER

Ach Waldemar sprach die Mama,
was soll aus dir mal werden?
Egal wie du es drehst und wendest,
du wirst mal Schuster hier auf Erden.

Doch Waldemar hatte keine Lust,
zu darben wie die Seinen.
Wollte ein berühmter Tänzer werden,
Anmut und Sinnlichkeit vereinen.

Er nutzte jeden seiner Tage,
zu üben und zu proben.
Sein Ehrgeiz wurde größer,
als viele seine Tanzeinlagen loben.

Eines Tages dann war es so weit,
ein Fotograf hat ihn erblickt.

Rasch dann seine Kamera,
für Waldemars Tanz gezückt.

Die Bilder gingen um die Welt,
Waldemar wurde ein Star.
Einer der so ganz anders,
als andere Tänzer war.

Und die Moral von der Geschichte,
willst auch du ein Ziel erreichen.
Hör nicht auf daran zu glauben,
dann stellt das Leben dir die Weichen.

DER APFEL

Es hing ein dicker Apfel
an meinem Apfelbaum.
Mit reifen roten Backen,
ein wahrer Gärtnertraum.

Den wollte ich mir pflücken
und freute mich schon sehr.
Oh seliges Entzücken,
welch freudiges Begehr.

Dann stand ich vor dem Apfel,
betrachtete ihn stolz.
Streichelte noch mal kurz,
über seines Stammes Holz.

Oh Schreck, was musste ich erblicken,
ein Loch im Apfel, welch ein Graus!
Und zu meinem Leideswesen,
lugte ein dicker Wurm heraus.

So ist es stets im Leben,
alles Schöne hat seine Zeit.
Doch kommst du verspätet,
musst du nehmen was übrig bleibt.

LOGISCH

Ich hab die Zwänge abgelegt,
die mich belastet viele Jahr.
Geh aufrecht durch mein Leben,
bin stolz auf mich und das ist wahr.

Ich muss mich nicht verstellen,
auf den Bühnen dieser Welt.
Ich bin ein Mensch mit freiem Willen,
der sein Leben in den Händen hält.

Ich muss mich nicht mehr überwinden,
kämpfen um Lob und gutes Wort.
Es möge der, dem ich nicht passe,
einfach bleiben von mir fort.

Ich brauche keinen bitteren Hohn,
nicht Spott und Intrigen dazu.
Ich habe ein Recht auf Leben.
Ich bin ich und du bist du.

Meiner Seele wachsen Flügel,
Stolz und Größe machen sich breit.
Ich fühle das pulsierende bunte Leben
ja, es ist meine beste Zeit.

Ich lebe, denke und gestalte,
mein Leben Stund um Stund.
Ich liebe, ja ich liebe,
es freut sich die Seele, es lächelt mein Mund.

HERBSTSTILLE

Bunter Blätterwald erhellt die Flur,
Wind singt ein Herbstlied in Moll und Dur.
Graue Wolken jagen am Himmelszelt,
ungetrübt die Sicht nun auf die Welt.

Licht ist jetzt die Waldidylle,
Menschen sehnen sich nach Stille.
Herbstzeit uns diese nun bringt
und ein Lied der Ruhe für uns singt.

ENTSCHLEUNIGUNG

Plätze und Städte fast menschenleer,
auf den Straßen kaum Verkehr.
Weniger Züge auf den Gleisen,
wenige Flieger am Himmel kreisen.
Menschen sich darauf besinnen,
etwas Sinnvolles, Neues zu beginnen.
Mit Kindern wieder gemeinsam lachen,
Spiele und kleine Spaziergänge machen.
Träume leben für die sonst keine Zeit,
Frühling genießen, der sich macht breit.
Seine wunderschöne Farbpalette,
die man sonst vielleicht nicht gesehen hätte.
Deshalb hat ein kleiner Virus die Welt,
entschleunigt und auf den Kopf gestellt.
Um unseren Blick auf Wesentliches zu lenken,
nicht an Geld, Macht und UNS nur zu denken.

DER ROTE MANTEL

Jedes Jahr zur gleichen Zeit,
seh ich den Knirps im roten Kleid.
Dieses krasse giftige Rot,
signalisiert mir schon Berührungsverbot.
Er sieht aus als habe er Masern oder Flecken,
überall kann ich weiße Punkte entdecken.
Ob er krank ist oder nicht,
ich suche verzweifelt sein Gesicht.
Er ist oft alleine, kann sich tarnen,
unter Bäumen, Hecken und Farnen.
Er liebt den Wald und bunte Blätter,
ihm ist auch egal das Wetter.
Er trägt einen Hut mit Lamellen
und denkst du ich erzähl Kamellen,
dann zeig ich gern das Foto dir,
des Fliegenpilzes im Wald vor meiner Tür.

MEIN FREUND DER BAUM

Wir hatten einen üblen Streit,
Auslöser war ein falsches Wort.
Da packte ich meine Tasche
und ging einfach fort.

Ich lief in Richtung Kirchlein,
das hoch am Berge stand.
Setzte mich auf eine Bank,
die ich unter einen alten Baum fand.

Hier ließ ich sie Revue passieren,
die dumme Streiterei.
Ich weinte heftig klagte an,
auch Zorn war mit dabei.

Da war mir plötzlich ohne Scherz,
viel leichter meine Last.

Erst konnte ich es nicht verstehn,
dann sah ich über mir den dicken Ast.

Ich betrachtete den alten Baum
sah seine knorrig alten Äste.
Hörte Vögel munter zwitschern,
so viele illustre Gäste.

Dann hab ich mir überlegt,
was er schon alles sah.
Kriege, Frieden, Wachstum, Vergehn
und das alles Jahr für Jahr.

Ich breitete die Arme aus,
umarmte seinen glatten Stamm.
Ruhte in dieser Position,
eine ganze Weile lang.

Es war mir so als teilten wir,
gemeinsam Leid und Freud.
Ja, als hätte er verstanden,
was ich ihm erzählt hab heut.

Seit dieser Zeit es ist wahr,
sind Bäume meine Brüder.
Sie leben ganz genau wie ich
und geben verlorene Kraft mir wieder.

GUTE NACHBARN

Wie wäre es für uns so einsam und leer,
gäbe es die guten Nachbarn nicht mehr.
Jeder kennt jeden, hat ein gutes Wort,
jeder gibt ab, von seinem Ernteertrag am Ort.
Man trifft sich im Garten ganz leger,
tauscht Gedanken aus oder trinkt einen Likör.
Vielleicht auch ein Bier in froher Runde,
dem Glücklichen schlägt ja keine Stunde.
Man feiert zusammen die anstehenden Feste,
gute Nachbarschaft ist wichtig und für die Welt
das Beste.

HERBSTBOTSCHAFT

Blätter fallen, bunt ist die Welt,
Menschen sind auf Ruhe eingestellt.
Alle Sinne nehmen wahr
nichts ist mehr, wie es gerade noch war.

Herbstes Stille in Flur und Wald,
triste Tage, grau und kalt.
Das Lied des Lebens zeigt er uns, schön!
Das Hohelied von Liebe und Vergehn.

DIE LETZTE ROSE

Wie Konfetti fällt Laub von Bäumen
der Herbst hält Einzug,
lässt uns ein buntes Märchen träumen.

Rot wie die Sonne, gelb wie der Neid,
auch braune Blätter leuchten
in dieser Jahreszeit.

Die Natur erlebt viel Regen und Wind
lässt uns stets erahnen,
wie vergänglich auch wir sind.

Kürzer sind sie jetzt die Tage
Dunkel, Nässe und Kühle
halten sich die Waage.

Nur eine Rose in rotem Blütenkleid
will sich dem nicht beugen,
für den Kehraus hat sie noch Zeit

WHEN THE TIME IS UP

When the time is up,
you can hear the melody.
when the time is up,
you can see.

When the time is up,
you can feel.
When the time is up,
you can touch the real.

When the time is up,
you can feel the touch.
When the time is up,
you will be thankfull so much.

When the time is up,
you live without fears
When the time is up,
You will dry my tears.

DAS DINGS

Oh je, oh Schreck,
 das… Dings ist weg.
Wo kann es sein,
 ich weiß es nicht.
Der Tag scheint gelaufen,
bringt mich aus dem Gleichgewicht.

Und das gleich am frühen Morgen,
als hätte ich nicht andere Sorgen.
Das… Dings, wo kann ich denn noch suchen?
In der Küche, hinter Tellern und dem Kuchen?

Nein, ich kann es hier nicht sehn,
werde mal ins Esszimmer gehen.
Doch auch hier gibt's keine Spur,
Schweiß bricht aus, als Laune der Natur.

Das… Dings, ich hatte es gestern noch in der
Hand.
Unter der Tischdecke, auf dem Boden, ich seh
kein Land.

Muss mich beeilen, muss zum Friseur,
das dumme… Dings zu finden ist schwer.

Dann suche ich in Büro und Schlafgemach,
vorüber ist bereits eine Stunde vom Tag.
Es steigt das Adrenalin und die Wut,
ohne das… Dings komm ich nicht weg,
mir gehts nicht gut.
Was ist wenn ich's jetzt endlich fände,
dann wäre die Reimerei zu Ende!
Da fällt mir der Antonius ein,
er soll ja der Hellseher fürs Finden sein.
„Antonius hilf du guter Mann",
zeig mir, wo ich das… Dings da finden kann."

Ein kurzer Blick ins Kinderzimmer,
mein Befinden wird immer schlimmer.
Da seh ich auf Benjamin Blümchens Rüssel
liegen das Dings da , meinen Autoschlüssel!!

Drum denkt daran, wenn ihr etwas vermisst,
dass Antonius der Finder aller Dinge ist.

HERBSTSEITEN

Übermütig und in bester Laune
bläst der Herbst mit starkem Wind
Blätter, rote, gelbe, grüne, braune,
wirbeln durch die Luft geschwind.

Bäume werden langsam kahl,
Wiesen und Flure kunterbunt.
Es zeigt der Herbst uns wieder
nichts geschieht ohne Grund.

Nach Reifen und üppigem Blühen,
entsteht neues Daseinsgefühl.
Es ist das Werden und Vergehen,
das er uns aufzeigen will.

EIN SPINNENNETZ

Am Wegesrand konnt ich es sehn,
das Spinnennetz so wunderschön.
Es glitzerte im Sonnenschein,
lud mich zu einer Betrachtung ein.
Grazil webte hier eine Spinne,
mit vielen Beinchen … ganz dünne,
ein Geflecht gleich einem seidenen Band,
in stoischer Ruhe wie ich fand.
Da kam ein leichter Hauch von Wind,
der schüttelte das Netz geschwind.
Doch es hielt stand und für das Tier,
was es Bungee Jumping, glaube mir.
Dem Erlebten, ich darf es nicht vergessen,
hab ich erst keine Bedeutung beigemessen.
Doch auf meinem Wege zurück,
erfasste ich das erlebte Glück.
Egal welches Wetter, ob du groß bist oder klein,
Spinnen macht immer Spaß, auch allein!

GRAUER SPÄTHERBSTTAG

Grau verhüllen dichte Nebel
die ansonst so schöne Sicht,
auf das bunte Laub der Bäume
ich sehe heut den Himmel nicht.

Kühle umarmt klamm und kalt
Menschen, Tiere, Bäume, Hecken.
Es ist des Herbstes dunkle Gestalt,
die mich will erschrecken.

Sie summt ein traurig tragisches Lied,
vom Leben, Blühen und Vergehn.
Doch eines weiß ich ganz gewiss,
bald werde ich die Sonne wiedersehen.

MIT DER LIEBE LEBEN

Ein Tummelplatz ist für uns die Erde,
schaue, lerne, wachse, werde.
Strebe hin zum großen Ziel,
das sich dir eröffnen will.

Liebe und nur sie allein,
will stets an deiner Seite sein.
Sie ist die Lösung in allen Lebenslagen,
Liebe versteht immer, ohne zu fragen.

Lerne der Liebe zu vertraun,
lerne mit ihren Augen zu schaun.
Lerne dich ihr hinzugeben,
sie gibt dir Sicherheit im Leben.

Ich sage es ganz unumwunden
hast du die Liebe erst gefunden,
die es gratis gibt im Erdenangebot,
sind Körper, Seele und Geist im Lot.

NACH RÜDESHEIM AM RHEIN

Am Rheine ging ich einst spazieren,
nach Rüdesheim, da wollt ich hin.
Es war schon früher Abend,
nach Essbarem stand mir der Sinn.

Ich folgte lachenden Menschen,
welch fröhliches Beisammensein.
Dann bog die ganze Meute
mit mir in die Drosselgasse ein.

Ich fand ein nettes Weinlokal,
blieb dort die ganze Nacht.
Habe viel getrunken, geschunkelt,
 gesungen und gelacht.

Die Gläser voll mit altem Wein,
der rann durch meine Kehle.
Die hübschesten Mädchen ich dort sah,
welche Wohltat für meine Seele.

Doch als in früher Morgenstund,
der Wirt mein Geld wollt sehn,
da drehte sich die lange Theke,
ich konnte nicht mehr stehn.

Nach der Erfahrung an dem Ort,
ich sag es hier geheim.
Ich war nie in der Drosselgasse,
ich schriebs nur wegen dem Reim.

DER LETZTEN ROSE WUNSCH

Noch steht sie hier die rote Rose,
in ihrem Blütenkleid.
Doch mit ihrer Farbe passt sie
nicht in die spätherbstliche Zeit.

Mit stolz erhobenem Kopfe
schwingt sie hin und her.
Eine einzige Blume noch
in unendlichem Blättermeer.

„Ach Herbstwind sei nicht ungestüm",
so grüßt sie in die Stille
„du weißt es doch ich will
noch Farbe schenken und Fülle.

Schenke mir noch etwas Zeit,
die Menschen zu erfreuen.
Ich verspreche es dir hiermit,
du wirst es nicht bereuen.

Sie brauchen Farben für die Seele,
brauchen Hoffnung für die Zeit.
Und sie brauchen Zuversicht,
dass nicht alles so bleibt."

Der Schöpfer hörte dieses Flehen
schmunzelte, als er sie sah.
Er genehmigte ihr den Wunsch zu blühen,
bis sie eine rote Eisrose war.

EINE WUNDERBARE BEGEGNUNG

Auf der Heimfahrt durch den Pfälzer Wald,
mache ich vor einem Cafe halt.
Wollte mich nur kurz belohnen,
mit einer Tasse der kräftigen Mokkabohnen.
Ich trat ein und sah,
dass das Cafe gut besuchet war.
Ein kleiner Tisch der war noch frei,
gedacht wohl als Plätzchen für zwei.
Ich sah mich um als ich ihn sah,
den alten Mann an der hauseigenen Bar.
Auch er hatte mich erblickt
grüßte freundlich zu mir, ich war entzückt.
Mein Kaffee kam, da kam auch er,
zu mir an meinen Tisch daher.
Er begann ein Gespräch, sehr dezent,
wie man es von einem Kavalier der alten Schule
kennt.
Er erzählte mir aus seinem Leben
Geschichten, die einen Eindruck geben

von Wärme, Freude, Reisen und Glück.

Sie führten ihn gedanklich in seine Jugendzeit zurück.

Alles war schön was er mir beschrieb,

das erste Auto, die Musik seiner Zeit, die erste große Lieb.

Später spielte er für mich auf seiner Mundharmonika,

auf der er ein echter Meister war.

Stunden waren seit meiner Ankunft vergangen,

er hielt mich mit seiner liebenswerten Art gefangen.

Mit Respekt und Achtung die wir uns entgegen gebracht,

hat er aus meinem Tag etwas ganz Besonderes gemacht.

Es zeigt mir wieder, das Leben hält zu jeder Zeit,

eine tolle Überraschung für mich bereit.

WO BLEIBT DER WINTER

Es ist Februar ich schau in den Garten,
brauche heute wieder nicht auf Winter zu warten.
In diesem Jahr ward er noch nicht gesehn,
ich frage mich was ist geschehn?
Es regnet und ein dunkles Wolkenband
verdeckt die Sonne hier im Land.
Milde, angenehme Temperaturen
hinterlassen erste Frühlingsspuren.
Tulpen zeigen erste Triebe,
Vögel suchen ihre Liebe.
Natur ist bereits grün in meinem Garten,
wie lange soll ich noch auf Winter warten?
Menschen und Tiere sind verwirrt,
so hat sich Winter noch nie geirrt.
Auch Magnolien treiben schon aus,
am Baum vor meinem Haus.
Ist all dies der schlimme Treibhauseffekt?
Ein Gedanke, der mir gar nicht schmeckt.
Nein, es steckt etwas anderes dahinter.
Es weht ein Hauch von Frühling, mitten im Winter.

DER SCHNEEMANN

Da stehst du nun du kleiner Mann,
schaust mich mit großen Augen an.
Ich habe mich in dich verliebt,
du bist das Schönste was es gibt.

Dein Körper zieht mich in den Bann,
dass ich nur noch staunen kann.
Stets hast du ein Lachen im Gesicht,
miese Laune die kennst du nicht.

Dein Teint ist weiß, es steht dir gut,
schön ist auch dein Zylinderhut.
Du bringst mich stets zum Lachen,
dein Anblick kann Herzen aufmachen.

Drum lieber Mann bleib bei mir,
du bist mein Winterelixier.
Denn Kälte die macht dir nichts aus,
du toller Schneemann vor meinem Haus.

WO IST ER?

Herr Winter oh sag mir, wo bist du versteckt?

Hab überall nach dir gesucht, dich nirgendwo
entdeckt.

Jetzt ist sie doch da deine Zeit,

doch von dir keine Spur weit und breit.

Herr Winter wir brauchen dich so sehr,

es stimmt sonst die Natur nicht mehr.

Es vermehren sich rasch Ungeziefer und Viren,

es fehlt Winterschlaf den kleinen und großen Tie-
ren.

Herr Winter es fehlen Kälte und Schnee,

weiße Landschaft und zugefrorener See.

Vögel suchen bereits Plätze zum Nestbau im
Rohr,

Tulpen strecken schon neugierig ihre Hälse em-
por.

Herr Winter bitte komm, wir freuen uns auf dich,
die Nachbarn, die Kinder und auch ich.
Bring noch Weiß den Bäumen und Zapfen,
denn Frühling steht viel zu früh in den Stapfen.

DAS HERZ

Niemand kann mehr Schmerz ertragen,
niemand mehr leiden ohne zu klagen.
Niemand kann mehr Menge horten,
an Glück, Unglück und verletzenden Worten.
Niemand kann Freude mehr empfinden,
niemand Enttäuschung mit mehr Hoffnung ver-
binden.
Niemand kann mehr Arbeit tun
sogar in der Nacht arbeiten, nie ruhn.
Niemand kann mehr Liebe dehnen,
niemand sich mehr nach Frieden sehnen.
Wie unser Herz, das großartige Wesen
es liebt, es leidet, es weint und hilft genesen.

DER NIKOLAUS

Am 6.Dezember ist es wieder soweit,
der Nikolaus kommt in der Vorweihnachtszeit.
Mit weißem Bart und rotem Gewand,
ist er den Menschen der Welt bekannt.
Er kommt zu sprechen mit Kindern, besonders
den Guten,
hat einen großen Sack dabei und auch Ruten.
Ein dickes Buch hat er mitgebracht,
in das er sich viele Notizen gemacht.
Von Kindern die lieb sind, auf die Eltern hören,
aber auch von wilden, die viel stören.
Stets findet er gute passende Worte,
zu loben oder zu tadeln am jeweiligen Orte.
Doch packt er dann die Geschenke aus,
ist er stets willkommen in jedem Haus.

HOFFNUNG

Ich hoffe und ich bete,
denn dir geht es nicht gut.
Eine heimtückische Krankheit
raubt uns viel Lebensmut.

Es wurden die Symptome
leichtfertig unterschätzt.
Du bist in meinem Herzen
und Hoffnung stirbt zuletzt.

Ich möcht dir gerne sagen
mit diesem kleinen Gedicht,
ich bin stets an deiner Seite,
denn AUFGEBEN gibt es nicht!

WEIHNACHTSÜBERRASCHUNG

Endlich ist sie wieder da die ruhige Zeit,
Heilig Abend bricht an, alle sind bereit.
Die Möbel wurden etwas verrückt,
der Tannenbaum steht, prachtvoll geschmückt.
Mit Lametta, Äpfeln und Kugeln ganz bunt,
alle sind aufgeregt, auch unser Hund.
Dann ziehen wir uns festlich an,
damit das Christkind kommen kann.
Das Glöckchen hell dann erklingt
und die ganze Familie ein Weihnachtslied singt.
In Reih und Glied geht's dann in die gute Stube,
Opa, Oma, Papa, Mama und ich, der Bube.
Festlich glänzt der Weihnachtsbaum,
glitzert und funkelt, ein wahrer Luxustraum.
Bei Oma rinnen ein paar Tränen,
Mama unterdrückt ein kleines Gähnen.
Ich freu mich auf den großen Act,
was wohl in meinem Paket drinsteckt.
Ob ich bekomme was ich begehrt,
ob das Christkind hat mein Flehen erhört.

Zuvor wir noch ein Liedchen singen,
es soll die Freude von Weihnachten bringen.
Doch mittendrin, ich erstarre vor Schreck,

die Lichter gehen aus, der Strom ist weg.
Panik macht sich sehr schnell breit,
lässt uns zum Denken keine Zeit.
Hektisch werden nun Kerzen gesucht,
der Strom und die Technik scheinen verflucht.
Endlich dann, gefühlt viel später,
findet Mama Kerzen in einem alten Bräter.
Der Papa mit Taschenlampe wild hantiert,
aufgebracht, was da gerade ist passiert.
Das ist der Blackout, von dem die Regierung ge-
sprochen,
Angst ist uns in Herz und Hosen gekrochen.
Der heilige Abend gänzlich ohne Licht,
das ist doch Weihnachten nicht.
Als ich noch darüber dachte nach,
wurde ich auf einmal wach.

Ich lag auf meinem Daunenkissen,
in meinem Bette mit gutem Gewissen.
Dann schaute ich auf das Tagesdatum und sah,
der Heiligabend ist morgen erst da.
Dies war nur ein schlechter Traum,
der Tannenbaum steht geschmückt im Wohn-
zimmerraum.

NACHTS AM FENSTER

Ich kann nicht schlafen geh ans Fenster,
in dunkler Nacht und denke an Gespenster.
Mir ist mulmig hab ein Unbehagen,
mehr kann ich dazu nicht sagen.
Da erblicke ich hinter eine Wolkenart
ein helles Gesicht, rund und apart.
Mit großen Augen schauts mich an
liebevoll, wie ich sehen kann.
Dann schenkt es mir ein breites Lachen,
mein Herz rast schnell, ich kann nichts machen.
Ich erheb meine Arme winke zurück,
fühle mich beschwingt und selig vor Glück.
Da erkenne ich den Mann im Mond,
der dort seit Ewigkeiten wohnt.
Der alles in der Nacht im Auge behält,
das Leben und Dasein auf unserer Welt.
Mit Mutter Erde bespricht er jede Nacht,
was der Mensch aus dem Erdenparadiese macht.

Manchmal ist er dann sehr verstört,
von dem Übel, das er von ihr hört.
Beachte Mensch, solltest du ihn sehn,
winke ihm zu, das wird er verstehn.
Winken ist ein Erdengruß,
weil er dann herzhaft lachen muss.

GEDANKEN

Wie die Wolken still und leise
ziehen ihre Bahn.
Fliehen die Gedankenströme
hoch empor, himmelan.

Freiheit geben sie dem Leben
in tiefster Not und in Gefahr.
Hilfreich ist ihr stiller Segen,
egal was ist, was kommt, was war.

Kein Gefängnis, kein Gericht
kann Gedanken mauern.
Man sieht und hört sie nie
doch werden sie uns überdauern.

Erlaub dir nie die Illusion
„es sind doch nur Gedanken".
Sie haben ein Energiepotential,
das sprengen kann der Welten Schranken.

DAS SOFA

Ein Sofa ist ein Möbelstück,
das beiträgt zu des Menschen Glück.
Egal ob weich oder Federkern,
ein Sofa benutzen wir alle gern.
Ob zum entspannen oder ruhn,
zum lesen oder gar nichts tun.
Zum Sitzen, Liegen oder Toben,
das Sofa kann man nur loben.
Musst liegen du mit Gesundheitsmalessen,
kannst du sie hier rasch vergessen.
Harmonisch ist es gar für Zwei,
ist eine Kuscheldecke noch dabei.
Menschen genießen hier in froher Runde,
gemeinsam die eine oder andere schöne Stunde.
Ein Hoch auf das Sofa mit schönen Kissen,
ich will mein Sofa nie mehr missen.

SEELENJUBEL

Spüre oh Seele, spüre in den Lüften,
das Schwingen und Beben der Welt.
Die sich mit ersten zarten Düften
auf das Grün des Frühlings einstellt.

Lausche oh Seele, lausche den Tönen,
die klangvoll den Raum befüllen.
Frühlingsbunt will uns verwöhnen,
unsere Sehnsucht nach Wärme stillen.

Frohlocke oh Seele, stimme in den Lobpreis ein,
der leis erwecket schlafende Natur.
Es ist die Hymne von Leben und Sein,
überall herrscht Wachstumsfreude pur.

Erkenne oh Seele, erkenne die Zeichen,
Grün ist die Farbe dieser Zeit.
So muss nun auch der Winter weichen,
alles ist zu einem Neubeginn bereit.

FUTTERNEID

Zu Spatzen und den vielen Meisen,
die genüsslich an Vogelknödeln speisen,
gesellet sich ein toller Hecht.
Stellt euch vor, ein bunter Specht.
Auch er genießt, aber ohne zu fragen,
weshalb die Spatzen ihn bald verjagen.
Mit viel Geschrei und hellem Ton,
treiben sie den Specht davon.
Eigentlich gäbe es Futter genug für alle,
doch er trat in die Mehrheitsfalle.
Weil keiner will dem anderen geben,
funktioniert es nicht, das Zusammenleben.
Ich hab es gesehen und verstanden,
warum Vogelarten nicht zusammenfanden.

VIELLEICHT

Vielleicht sollte ich nicht grübeln,
vielleicht sollte ich jetzt gehen.
Vielleicht ist alles ganz einfach,
vielleicht - ich kann es nicht verstehn.

Vielleicht sind wir noch Freunde,
vielleicht aber auch nicht.
Vielleicht bringt mich das Grübeln
wieder aus dem Gleichgewicht.

Vielleicht ein Umarmung,
vielleicht auch ein Kuss?
Vielleicht nur im Hier sein
intensiv, ohne Muss.

Vielleicht einfach nur leben,
vielleicht ohne bereuen.
Vielleicht gibt es kein Ernst,
vielleicht gilt nur das freuen.

Vielleicht, es ist ein kleines Wort,
vielleicht, egal an was du hängst.
Vielleicht oder viel leichter,
vielleicht ist es einfacher als du denkst.

EINE TANNENBAUMSCHONUNG

Nach Weihnachten beim Spaziergang am Waldesrand,

eine Tannenbaumschonung ich dort fand.

Ob groß ob klein, ob gerade oder krumm,

viele Tannenbäume stehen hier noch rum.

Ich grüble nach, ob Tannen sich fragen,

warum man sie nicht hat zu Weihnachten geschlagen.

Zum Zieren der Stuben und dem Raum,

für leuchtende Kinderaugen und ihren Traum.

Ich frag mich, ob die Tannen traurig sind,

die nun alleine hier stehn in rauem Wind.

Ich frag mich, ich meine, es könnte doch sein,

vielleicht stehen sie auch gerne hier allein.

Jetzt haben sie Platz auch in die Weiten,

zu wachsen und ihre Äste auszubreiten.

Gedankenversunken steh ich am Zaun im Schnee.

Dies sind meine Gedanken, als ich die Tannenbaumschonung seh.

EIN GEBISS

Manchmal stell ich mir die Frage,
warum behalten wir unsere alten nicht bis zum
letzten Tage?
Wir haben sie gepflegt und geputzt,
ja, als Blickfang auch für uns benutzt.
Haben uns in ihrer Ganzheit stets gesonnt,
lachen geübt und auch gekonnt.
Wir wurden nicht müde sie zu präsentieren,
dachten nie darüber nach sie zu verlieren.
Ganz langsam fing das Schicksal an,
..soweit ich mich noch erinnern kann.
Da brauchtest du ein Inlett, Implantat oder eine
Krone,
denn kauen geht nicht... ohne.
Steht dann der Prothesenbecher an deinem Bette,
halte ich jede Wette,
denkst du gerne manchmal daran zurück,
an deine Originalzähne, Stück für Stück.

SCHÖNE ERINNERUNGEN

Du kannst sie nicht halten die schönen Momente,
sie fliegen wie Pusteblumen im Wind.
Doch speichere sie in deinem Herzen,
dann findest du sie in dunklen Zeiten geschwind.

Dies gibt Kraft und erzeugt Freude,
lässt du die Bilder auferstehn.
Deine Erinnerung an schöne Zeiten
Bilder, die nur du kannst sehn.

Dies Geschenk kann dir niemand nehmen,
praktisch nur für dich gemacht.
Welche Gnade, welcher Segen,
danke dem, der sich hats ausgedacht.

ABENDLOB

Sonne vollendet ihren Tageslauf,
versinkt blutrot hinterm Berg.
Illuminiert noch kurz den Himmel,
vollendet ist das Tagewerk.
Vögel zwitschern Abendlieder,
Ruhe macht sich breit.
Dämmerung hüllt uns ein,
die Nacht steht zum Kommen bereit.
Mond und Sterne schaun hernieder
erleuchten hell die Dunkelheit.
Pflanzen ihre Blüten schließen,
für alle ist nun Schlafenszeit.
Ich wünsche dir eine gute Nacht
und gesundes Erwachen.
Dann wird gewiss auch morgen früh,
die Sonne wieder für dich lachen.

Ursula Burckhardt wurde 1955 geboren und schreibt mit Freude und Leidenschaft Gedichte zu ernsteren, heiteren aber auch nachdenklicheren Themen der Zeit, mit der sie viele Menschen erreichen und erfreuen möchte

Besuchen Sie mich gerne auf meiner Homepage:

www.ursula-burckhardt.de